*storz, liebesgedichte*

Erste Auflage 1985
Copyright Apostroph Verlag Stuttgart 1984
Alle Rechte vorbehalten
Buchgestaltung Beate Jeske

165 / 1000

ISBN 3 88959 002 0

bernd storz

# DER
# GESCHMACK
# DEINES
# NAMENS

*eine liebesgeschichte in gedichten*

*Bernd Storz*

*mit illustrationen von*
*beate jeske*

*Beate Jeske*

*APOSTROPH*

Ein Zimmer,
das Du mit mir teilst,
umschließt auch den Raum
Deiner Abwesenheit.

Ich kann die Tür öffnen,
abends,
durch die Deine Stimme
zurückkommt
in meine Nähe.

Morgens betrete ich jetzt ein leeres Haus.
Dein Stuhl steht da, Dein Tisch,
Deine Zimmerpflanzen ohne Berührung.
Kühl zerschnitten vom Fensterrahmen
Sonnenlicht auf dem Teppich,
der nachgab unter Deinen Schritten.

Ich lebte
hinter einem Fenster
aus Gaze.

Du im Garten,
den Wind im Haar,
ein Lachen zwischen den Pflanzungen,
und der Geruch
von reifen Früchten.

Ich komme
die Treppe herunter,
und neige mich
der Erde zu:
Deinem Gesicht.

Auf der Suche
nach meiner verlorenen Zeit,
die ich wiedergefunden habe,
als ich dir endlich Auskunft geben konnte
über den Sinn
dieses Lächelns.

Bevor Du zurückkommst,
will ich ein Stein sein,
der Deinen Aufbruch ahnt,
ruhend am Weg.

Bevor Du zurückkommst,
will ich ein Vogel sein,
der den Südwind atmet
aus Deinem Haar.

Ferne,
ganz fern,
ruft die Erde
Deinen Namen.

Aufwachen
mit dem Geschmack
Deines Namens
unter der Zunge:
Das Salz
eines halb geöffneten Mundes
aus meinem Traum.

Morgens noch spürte ich Deinem Duft nach
im Gewebe meines Hemdes,
das zu beben begann
an meinem Mund.

Jede Einzelheit
Deiner Haut
erzählte mir von Dir,
zitternd,
und meine Zunge
vom Unsagbaren sprach.

Ich will zurückgehen
mit Dir,
Deinen Weg und meinen.
Zu den Bäumen, die Du sahst
mit frühen Augen,
Dein Dorf, Dein Schulhof, Dein Haus,
zurück zu dem Wasser,
das Deinen Körper umfloß,
zu den Orten der Gerüche,
der Verletzungen,
den Stimmen.

Die Endlosigkeit eines einzigen Tages
ohne Deine Augen,
Deine Stimme,
Deine Haut.
Bleiern die Entfernungen.
Eine Stunde wie ein Jahr
ohne Jahreszeiten.

Der grenzenlose Augusthimmel
ist unser Dach.
Wir wohnen
zwischen Wegerich und Raute
auf knirschenden Wegen.
Unsre Wände das rostrote Gestänge
der Fichten.

Als ob wir nichts vermissen könnten
in der Zärtlichkeit dieses Abendwinds,
in dieser
unendlichen
Stunde.

Die wortlose Übereinstimmung
unseres Pulses:
Wir haben uns geöffnet
und sind hereingekommen.
Jetzt, in der Mitte meiner Zeit,
kommt mir das Du
über die Lippen,
im Flüstern mit den Deinen:
»Unmöglich zu leben,
ohne sich zu vergessen.«

[1] Christoph Meckel

Dein unendlicher Blick
zum Abschied:
Ich werde bei Dir sein,
wenn ich mich entferne.

Nichts vergesse ich,
was aus Deinen Tiefen
aufströmte zu mir:
Jede Pore, die sich mir mitteilt
unter meinen Küssen,
jede Bewegung, die sich einschmiegt
in meine wandernden Hände.

Angstwurzeln,
früh
um unsre Lungen gekrallt,
ums Herz:
Wer
wird sie
herauslösen?

Daß man stürzt,
wenn man sich fallen läßt,
ist uns seit dreißig Jahren
so vertraut,
daß wir das Glück
an einem Abgrund vermuten.

Jede Sekunde ein Tropfen
meiner Zeit.
An diesem Samstagabend
fließt sie über den Biertisch.
Ich bin nicht hier,
und kann dort nicht sein,
und jede Sekunde
versickernde Zeit.

Wie fühlst Du Dich an?
Wie schmeckst Du?
Wo ist Dein Duft?
Der Gedanke
an einen ofenwarmen Laib
macht nicht satt!

Und wie Du dann hereingekommen bist
durch die offene Tür:
Grenzenlos gegenwärtig.
Unsre Augen fanden
die Vertrautheit in unsren Gesichtern wieder,
sich vergewissernd
der Spuren unsrer Küsse.

Du bist jetzt sehr nahe.
Laß noch einmal
das Laub sich verfärben,
einen kleinen Schnee fallen,
für ein neues Jahr -
Du Leichte!

Ich suchte Dich,
obschon ich Deinen Aufenthalt wußte:
Du könntest unvermutet
aus einer Tür treten,
mit wiegendem Haar
um eine Hausecke wehn.
Zufällig stündest Du
vor einem Marktstand
für ein Pfund Bananen,
die Du dringend brauchst.

Deine Hände,
Liebe –
wenn sie über meinen Körper gehn,
ihre Worte einstreicheln
in meine Haut,
entfalltet sich in mir
eine Erde,
Gebirge und Täler,
Flüsse und Meer,
öffnen sich in mir
aus Deinen geöffneten Händen.

Tausend Leben
lebe ich in Dir,
teilend
meine Welt, den Herbst,
die Landschaften meiner Kindheit,
die Gräber, die Hoffnung,
die Lieder,
den Strand.

Was nicht zu leben war:
Wirklich konnte es werden,
vorbereitetin unseren Stimmen,
als wir die Berührungen
einschließen in innerste Zonen.
Das Einfache,
unüberwindbar,
verwandelt ins Leichte:
Du gibst,
ich nehme;
ich gebe,
Du nimmst.

Auf den Straßen, dem See zu,
am Strand, Deine Finger,
zärtlich um das hölzerne Instrument,
in fremden Räumen,
die sich verwandelten
in der Sprache unserer Körper.

In meinen Händen
entfaltest Du Deine Flügel,
steigst hoch ins Oktoberlicht,
kehrst wieder:
Salziges Meer,
das zärtlich an meine Arme ebbt,
das warm mich umspült,
mit Träumen,
mit Erinnerungen,
das ich begrüße,
Strand deiner Sehnsucht,
mit den tausend Küssen
meiner Hoffnung.

In der Vergangenheit
vergraben
liegt der Schlüssel
zur Zukunft

Komm an den Strand
meiner algengrünen
Traurigkeit.

Komm!
Die Jahre sind kurz,
und Du bist
der Sinn der Zeit.

An meinem Strand
wartet
die Muschel,
wartet der Sand
meiner hellen Zärtlichkeit.
Komm!

Nichts fehlt,
obwohl nichts vorbereitet wurde:
Kein Glas, kein Tisch, kein Bett.

In der Mitte einer einzigen Berührunng
entfaltet sich eine Erde.

Außer
zwei Gläsern, einem Tisch, einem Bett,
fehlt nichts.

Ich will alles
mit Dir teilen.
Nicht länger den Geschmack Deines Mundes
aufbewahren über endlose Sonntage,
nicht mehr die künstlichen Brücken
von Insel zu Insel,
diese eindeutige Bedeutungslosigkeit
der Beschäftigungen.
Alles ist in uns vorhanden für uns,
außer der Zeit.

Alles
kann ich mit Dir teilen:
Den Herbst, die Dezembersonne,
die schräg fallenden Strahlen
schmerzlichen Lichts,
die Gräber, die überlagerten Wege
der Kindheit,
die Spuren Chopinscher Musik,
und immer wieder
die Faszination meiner Haut,
da sie ihre Poren öffnet
Deinem Duft,
Geliebte.

Wie ich Dich wahrnehme:
Dein Gesicht im Herbstnebel
vor atembeschlagenen Scheiben,
in dem ich die Züge der Traurigkeit lese,
die Ausbrüche des Glücks.

Daß ich Dich sehn kann,
ist nicht selbstverständlich.
Ich hätte den Ausdruck Deiner Lippen
beschlagnahmt,
Deine Augen zu den meinen gemacht
und sie ausgelöscht in mir,
früher.

Ich habe Dich schon immer gesucht.
An Tanzabenden und an Seen,
Jahr um Jahr im Licht des Julis
und in der Dezemberkälte.
Suchte diese Augen, Deine Augen,
in den sortierten Gesichtern
in den bunten Sammlungen
der Fußgängerzonen,
in denen ich mich nicht erkannte.

Wie hätte ich warten können,
mit der Geduld der Gewißheit,
unter Obstbäumen bei klarem Himmel,
an einem herbstlichen Strand,
offenhaltend meinen Weg,
ohne zu wissen,
ich würde Dich finden.

Wo Du geboren wurdest
in die Augustsonne der Alb,
Fachwerk, Kastanienbäume,
und sonntägliches Geläut
von der Dorfkirche.

Spärlich
nehmen sich aus die Veränderungen
gegen die Verluste der Kindheit.

Du trittst
vor eingeebnete Gräber.
Der Gesang ist verstummt,
nicht aber
der Klang der Stimmen.

Ich spreche zu Dir
mit meinen Händen,
und Du gibst Antwort:
Aus dem Meer Deiner Liebkosungen
die vielstimmigen Botschaften
von Erde und Salz,
Luft, Wasser, Feuer und Brot,
und dem unwiderruflichen Licht
eines Morgens.

Und als wir uns lösten
aus unsrer Umarmung
ins Freie:
Die winterliche Verwandlung
des Straßenbilds,
Filigran der Ziersträucher,
und diese Helligkeit
unterm orangenen Himmel der Nacht:
Kindheitsschnee,
der sich schmiegt
an unsre Erde.

Dornröschen,
ich komme,
biege behutsam
den Stachelkranz um
mit blutenden Fingern

Wäre kein Herz da,
das auffliegen wollte zu mir,
könnte ich Dich nicht erwecken
mit tausendmaltausend Küssen.

Doch Du stehst auf,
wieder und wieder,
zögernd noch umkreist Du das Schloß
mit den versiegelten Gemächern
(man muß sie betreten,
um darin wohnen zu können),
und öffnest Dich
in der Zärtlichkeit meiner Hände.

Und daß sich unsre Münder
nicht verlieren
in den Nebeln
dieses Winters!

Die Andeutung der Seide,
wenn Du Dich bewegst
durch die Boutiquen:
Im Tanz
fällt das Tuch
von Deiner Taille.
Im Traum
zeichnet der Schnitt
das sanfte Profil
Deiner Brüste.

»Was tust Du in dieser Stunde,
meine schmerzliche Geliebte«,
in der ich diese gewaltige
Ferne entfalte?
Es könnte
Dein Mund
das wässrige Salz mir endlich entreißen
aus meinen geschlossenen Augen.

[2] Pablo Neruda: Liebesbriefe an Albertina Rosa

Du kommst nicht.
Ich habe Dich nicht erwartet.
Ich habe Dich erwartet.

Wenn die letzten Bäume
schweigen vor meinem Fenster,
drängt sich an meine Schultern
Deine ferne Zärtlichkeit.

Der Nieselregen
gegen die Frontscheibe:
Dort,
unter den Obstbäumen,
neben dem Leiterwagen
mit den prallen Apfelsäcken
stehenbleiben –
Deine kleine Hand
in meiner Tasche.

Wenn Du den Raum betrittst,
verändert sich das Licht.
Die harten Schatten des Tages
lösen sich auf
in der hellen Begegnung
mit Deinen Augen.

Wo bist Du, wenn Du neben mir gehst,
über den Kopfstein in Hölderlins Gassen?
Wohin, da Novemberwind
uns die Worte löst von den Lippen,
weht Dein Haar?
Wem, wenn Dein Herz meinen
Atem beschleunigt, gilt
sein Schlag?

Etwas, das aufleuchtet,
mit dem wir uns einließen
in einem Kuß,
Feuer, Blitz, Strahl,
entzieht sich.
Ob es zurückkehrt,
und wann,
Tage, Jahre, nimmermehr,
wissen wir nicht,
noch, ob es verborgen ist,
vielleicht,
unter der Asche aus Angst,
ob es dort glimmt,
ob es wartet,
ob ihm die Luft fehlt
zum Leben,
Ruhe, Raum oder Zeit,
oder ob es verloren ist,
unwiderruflich,
ob es täglich stirbt
und aufsteht am anderen Morgen,
oder versunken,
auf immer,
nicht verfügbar,
wie alle eigenständigen Wesen.

Aber es ist da:
Erscheint
in der Blüte des Ahorns,
in einem Seegesang,
in einem Blick
durch ein rauchiges Zimmer,
in einer Umarmung
schnellt es empor,
entzieht sich:

Es ist da.

Wer kann sich finden
in einer abermals zerteilten Zeit,
die die Gespräche zerschneidet,
wenn wir beginnen zu fließen.

Unerschöpflich,
wie das bittere Meer,
in dem wir uns wiederfinden
mit unseren Vätern und Müttern,
in einem einzigen Raum,
der hell ist von allen Begegnungen.

Wir saßen,
Sonne im Nacken,
im Park unter Palmen, Stachelgebüsch,
feierten den Mittag
mit Schafskäse, Weißbrot und Landwein.

Wärenddessen
die Schatten der Arkaden
bogen sich ostwärts.

Und die langen Gespräche
zwischen Aufwachen, Capuccino,
und der Fahrt ans Meer:
Der Strom fließender Worte,
in einer Sprache aus Wasser, aus Sand,
und die veränderliche Farbe unsrer Augen
im Zelt, am Strand,
an einem hellen Frühstückstisch.

Auf dem l'Unita Festival,
auf dem Tanzboden,
flogen wir auf, Deine herrlichen Brüste
streiften mich durch mein Hemd,
horizontblau, wir fanden es
für zehntausend Lire in der weißen Boutique
einer versteinerten Gasse.

Wir erfanden zehntausend Schritte
für unsre Art, den Tango zu tanzen,
ein einziger Körper
zwischen all den begeisterten
Männern und Frauen und Kindern.

Das allmähliche Erwachen des Dorfes
an der Küstenstraße,
das Meer noch verborgen in nächtlicher
Dämmerung,
die Straßen geräuschlos.
Der Kellner, der mir seine Zigaretten
schenkte, als ich vergebens
nach einem Automaten gesucht hatte,
und wir die ersten Gäste in der Bar,
die als erste geöffnet hatte,
und als dann die Arbeiter kamen mit ihrem
Journal im Jackett: Bon Giorno!
Und wir uns einrichteten, für Minuten,
mit Bombolo und Capuccino,
an diesem runden Tischchen,
für all die Geräusche und Gerüche,
als könnten wir hier
ewig so leben!

Kein Ankommen
gegen die Zeit!
Aber
in unserem zweiten Winter
die Veränderung der Zukunftsfarben.
Ich bin aufgebrochen
in meinem Bild
mit dem ganzen Gewicht
meiner Hinterlassenschaft
und gehe –
gehe der Horizontlinie zu,
die Du einzeichnest, behutsam,
mit Deinen Augen
aus Erde und Laub.

# Nachwort

»Daß man stürzt,
wenn man sich fallen läßt,
ist uns seit dreißig Jahren
so vertraut,
daß wir das Glück
an einem Abgrund vermuten.«

Ich lese die Gedichte dieses Buches als Worte gegen
den Abgrund.
Es existiert in ihrer Welt nämlich »etwas, das aufleuch-
tet«. Vor der Dunkelheit hebt es sich ab, »grenzenlos ge-
genwärtig«, aber ohne die Garantie, daß es immer sicht-
bar ist. Denn es bleibt, gleich einem geliebten Men-
schen, »nicht verfügbar, wie alle eigenständigen We-
sen«. Aber die Texte von Bernd Storz haben den Glau-
ben daran aufbewahrt - in Sprache -, auch diejenigen
ohne die triumphierenden Worte: »Es ist da«.
Manchmal muß man lange darauf warten. Dann jedoch
erscheint es und hebt sich ab von der Dunkelheit.
Es wird sich auch erhellen, wie lange, wie weit, weiß nie-
mand.

Der Vertrauens-Elan, die immer neue Aufbruchshal-
tung hin zur garnicht immer einfachen Liebe, sind für
mich das Wichtige an den vorliegenden Gedichten.
Stets ist die Liebe Utopie und Wirklichkeit, Hoffnung

117

und Leben, Hoheslied und Alltagsgespräch, und stehts gehören beide Aspekte zusammen, wie die Liebenden. »Ich will alles / mit Dir teilen« – »Alles / kann ich mit Dir teilen« heißt es in zwei aufeinanderfolgenden Texten. Und: »Du gibst / ich nehme; ich gebe / Du nimmst«. Nähe und Ferne, Vertrauen und Angst, sinnliches Erleben und gedankliches Abstrahieren, und vor allem eine mächtige Ausdauer lassen eine Liebe wachsen, wo »man sich fallen läßt«, ohne in einen »Abgrund« zu stürzen. Adorno hat dafür einmal (sinngemäß) die schönen Worte gefunden: »Da allein, wo Du Schwäche zeigen darfst, ohne Stärke zu provozieren, wirst Du geliebt.« Die Hoch-Spannung der Liebe, in all ihrer Bewegtheit, variiert Bernd Storz in vielen Tonlagen. Dabei begleitet die Sprache nicht nur - unermüdlich - die Liebe, sondern schafft sie mit. Sie kann schlicht und beschreibend sein, aphoristisch und reflektierend, pathetisch und hochsteigend. Der Schriftsteller muß für solche Wechsel erfahren sein im Umgang mit Sprache, und er muß etwas riskieren. Bernd Storz (dessen Lyrik ich seit unserer Bekanntschaft beim »Literarischen März« 1981 mitverfolge) riskiert in diesem Buch mehr als früher. Besonders das Pathos - wunderschöne pathetische Passagen sind zu entdecken - verlangt Mut. Aber: tut die Liebe das nicht genauso?
Ich finde diese Gedichte notwendig.

»Notwendige« und »nicht-notwendige« Gedichte?
Hilft eine solche Kategorisierung denn? Ich habe mich
Gedichten immer auch unter diesem Gesichtspunkt
genähert. Eigentlich geht das beinahe unbewußt. Es
gibt Gedichte, die schreibe ich mir zum Beispiel in ein
eigenes Heft ab, die möchte ich »haben«, will ich mir
merken: weil in ihnen »etwas… aufleuchtet«; und es
gibt andere, die lasse ich erst einmal. Einige von Bernd
Storz' Gedichten in diesem Buch gehören ab jetzt zu
den für mich notwendigen.

»Hell« ist auch ein Stichwort dieser Gedichte. Eine Tiefe
kann hell sein, dann ist sie eben kein Abgrund. Da wäre
ich wieder bei dem Vertrauen angekommen, bei die-
sem Beharren des Autors auf dem Vertrauen, das mich
als Leserin von Anfang an so erstaunt hat. Ein Sog ins
Vertrauen. Glaub' mir, »es ist da«, sagen die Texte. Sie
sagen es mir in vielen Sprechweisen. Und ich, bisweilen
so mißtrauisch, ungläubig und innig umgehend mit
dem Absurden, lasse es mir gerne sagen.

Tina Stotz-Stroheker

Unser besonderer Dank für die Unterstützung
bei Satz und Druck gilt Herrn Eugen Römer
und Herrn Franz Sperker.